Text: Ruth Scherrer
Gestaltung: Hansjörg Scherrer

Die Engel stehen Dir bei

© 2019 Ruth Scherrer

Herstellung und Verlag: BoD – Books on Demand, Norderstedt

ISBN: 978-3-8423-3293-5

Die Engel stehen vor Deiner Tür
öffne ihnen, sie helfen Dir

Liebe Leserin, lieber Leser

Ich freue mich, dass Sie heute mein Gedichtbuch zur Hand genommen haben.

Sie können es wie ein Kartenset benutzen.

Schlagen Sie das Buch irgendwo auf, und lassen Sie sich überraschen, welches Gedicht sich Ihnen zeigt.

Ich wünsche Ihnen viel Freude beim Lesen

Ruth Scherrer

Ruhe

Ich sitze am See im Sonnenschein,
langsam kehrt in meinem Verstand Ruhe ein.
Ich lausche den Geräuschen dieser Welt,
was mir wohl die Möwe erzählt?
Ich sehe ein Liebespaar sich necken,
was sie wohl voreinander verstecken?
Auf der Welt gibt es Millionen Geschichten,
erzählt aus Abermillionen Sichten.
Ich lasse jetzt meinen Verstand Verstand sein
und tauche in die Ruhe meines Herzens ein.

Erzengel Raphael

Heilen, verweilen, Dich nicht beeilen.
Heil bring ich Dir und Ruh,
sei einfach Du.
Dein Weg ist weit, Du bist bereit.
Schon weit bist Du gegangen,
oft musstest Du in Sorge bangen.
Sei bereit, Dein Weg ist noch weit,
doch ich bin da, bin Dir ganz nah.
In Liebe werd ich Dich begleiten,
zum Schutz meine Flügel über Dich breiten.
Heil will ich Dir bringen,
in Liebe mit Dir singen.
Deine Tränen werden versiegen,
in meinen Flügeln werd ich Dich wiegen.
Sei wie Du bist und fasse Mut,
so wie Du bist, so bist Du gut.
Du darfst Dir vertrauen,
Luftschlösser bauen.
Sei einfach Du und fasse Mut,
vertraue dem Leben und es wird gut.

Hoffnung

Hoffnung lässt mein Herz beben,
Gedanken hoch in Lüfte schweben.
Lässt mein Wunsch sich erfüllen?
Wird ein Geheimnis sich enthüllen?
Engel der Hoffnung, gib mir Mut,
sage mir, das Leben wird gut.
Lass mich auf Deinen Wegen wandeln,
lass mich mit Deinem Segen handeln.
Freude wird mich vorwärtstragen,
wie lange, werde ich Dich fragen,
wann wird sich mein Wunsch erfüllen,
wann das Geheimnis sich enthüllen?
Hoffnungsvoll lass ich mich tragen,
werde Dich nicht mehr nach der Zeit fragen.
Engel der Hoffnung, bleibe bei mir,
bewahre dieses Feuer in mir.

Mut

Engel des Mutes, tu mir Gutes,
baue mich auf und stärke mich,
lass mich spüren in meinem Herzen Dich.
Dein Mut wird mich verwandeln,
lässt mich im Vertrauen handeln.
Getragen von Deiner Stärke in mir,
lebe ich mein Leben hier.
Erfülle mich mit Deinem Mut,
sage mir, es wird alles gut.
Nimm die Angst meines Herzens zu Dir,
entfache die Kraft des Mutes in mir.
Kann ich Dich einmal nicht mehr spüren,
bitte ich Dich, mein Herz zu berühren.
Deine Liebe wird mir sagen:
Ich helfe Dir, Deine Lasten tragen.
Leichter wird's mir dann ums Herz,
in Freude verwandelt sich mein Schmerz.
Auch die Angst wird sich verwandeln,
lässt mich auf neuen Wegen wandeln.
Engel des Mutes, ich danke Dir,
dass ich Dich immer wieder spüre, in mir.

Vertrauen

Wem oder worauf kann ich vertrauen,
worauf muss ich bei meiner Wahl schauen?
Engel des Vertrauens,
lass mich in Deine Augen schauen.
Lass mich spüren, Du bist da,
lege mir eine Antwort nah.
Lass mich nicht über jeden Stein stolpern,
mich nicht in Naivität über löchrige Wege
holpern.
Lass mich auf Deine Zeichen schauen.
Stärke meinen Blick dafür,
zeige mir die richtige Tür.
Bin ich dann doch den falschen Weg gegangen,
bitte ich Dich, Engel, mich mit Deinen Flügeln
aufzufangen.

Schuld

Schuldig oder nicht?
Wer ist hier der Bösewicht?
Wer hat angefangen,
wer ist den falschen Weg gegangen?
Bin ich die Böse oder nicht?
Engel, sage mir, wer ist der Bösewicht.
Schuld kann mich beengen,
die Freude in mir verbrennen.
Engel der Schuld, hilf mir wieder auf die
Beine.
Nimm weg den Schmerz, heile mein Herz.
Nie werde ich den Ursprung finden,
will nicht länger mein Herz an Schuld binden.
Hilf mir diese Stricke lösen,
ich will nicht länger im Dunkeln dösen.
Öffne den Vorhang, zeig mir das Licht,
im Licht gibt's keinen Bösewicht.
Im Göttlichen Licht will ich baden,
meine Seele darin laben.
Das Licht will ich auch anderen bringen,
mit ihnen zusammen tanzen und singen.
Engel der Schuld, ich danke Dir,
jetzt spüre ich wieder Freude in mir.

Erzengel Chamuel

Liebe, Triebe, Frühling, Sonne,
Kraft, Saft, was für eine Wonne.
Das ist Leben,
viel will es Dir geben.
Mit Liebe bist Du gesegnet,
auch wenn es manchmal regnet.
Liebe ist wie der Tag und die Nacht.
Beides brauchst Du zum Leben,
ich kann Dir nicht nur Sonne geben,
sonst würdest Du verdursten.
Nimm meine Liebe dankbar an,
ich gebe Dir, so viel ich kann.
Doch brauchst Du auch die Regentage.
Stell jetzt bitte keine Frage.
Warum? wird Dir nicht weiterhelfen.
Steh wieder auf und freu Dich aufs Neue.
Mit Liebe will ich Dich begleiten,
durch Sturm und Wind Dich leiten
und wenn Du mich fragst: Warum ich?
Sag ich Dir nur: Ich liebe Dich!

Wut

Wut tut nicht gut.
Wut lässt mich explodieren, implodieren.
Mit Wut kann ich niemandem imponieren.
Wut lässt mich Feuer speien.
Warum ist die Wut entbrannt?
Was habe ich zu spät erkannt?
Was kann mich so aus der Ruhe bringen,
lässt mich mit den Tränen ringen?
Engel der Wut, gib mir Mut.
Hilf mir durch den Dschungel blicken,
mich nicht mehr in der Wut verstricken.
Wandle die Wut in Frieden,
dann kann ich mich wieder selbst lieben.
Mit dieser Liebe kann ich Menschen berühren,
sie aus dem Dschungel der Wut führen.
Engel der Wut, ich danke Dir,
dass Du schenkst Befreiung mir.

Zeit

Was ist Zeit?
Woher kommt sie?
Wohin geht sie?
Die einen haben keine, die anderen viel,
was ist das für ein Spiel?
Wie kann ich mir mehr Zeit verschaffen,
was in meinem Leben anders machen?
Das Leben ist kurz, ein kosmischer Furz.
Und doch ist es unendlich kostbar.
Wir können einander so viel geben,
indem wir nur schon zusammen leben.
Engel der Zeit, lass mich die Zeit geniessen,
lass mich mit dem Leben fliessen.
Mich über alles freuen,
nichts will ich bereuen.
Im Hier und Jetzt will ich mein Leben feiern.
Engel der Zeit, schiebe mich sanft voran,
zeige mir geduldig, was ich kann.
Lasse mich aber auch verweilen,
ich will mich nicht mehr beeilen.
Lass mich den Augenblick geniessen,
mich nicht mehr sinnlos ins Kraut schiessen.
In der Ruhe liegt die Kraft,
die mir Liebe und Weisheit verschafft.

Ego

Kontrolle, aufgeblasen, Über-Ich,
darauf bedacht, anderen zu gefallen,
lässt es mich auf die Nase fallen.
Wer bin ich, wem gefalle ich?
Selbstkontrolle scheint mir wichtig,
aber ist das auch richtig?
Lachen, tanzen, sich gehen lassen,
die Energien einfach fliessen lassen.
Das ist Lebensfreude pur,
doch meistens schaltet das Ego auf stur.
Was könnten denn die Leute denken,
werden sie meinem Tun Aufmerksamkeit
schenken?
Engel des Egos, lass mich Gottes Schöpfung
spüren.
Lass mein innerstes Selbst mich führen.
Den Kern meines Wesens will ich finden,
ihn dann mit Sorgfalt wachsen lassen.
Vielleicht werde ich Fehler machen,
die anderen werden über mich lachen.
Doch hab ich mich endlich selbst gefunden,
heilen allmählich alle Wunden.
Das Ego, jetzt nur noch klein,
soll nie mehr mein Ratgeber sein.

Selbstvertrauen

Selbstvertrauen, darauf will ich bauen.
Es lässt mich die Liebe zu mir selbst spüren,
hilft mir, andere in ihr Herz zu führen.
Selbstvertrauen gibt mir Ruhe und Kraft.
Im Selbstvertrauen kann ich Energie tanken,
das Leben bringt mich nicht mehr ins Wanken.
Das Selbst ist dort, wo die Freude entspringt.
Um es zu finden, muss ich meinem Herzen
lauschen,
plötzlich werden mich neue Ideen berauschen.
Diese Ideen will ich umsetzen,
nicht mehr mühsamen Hirngespinsten
hinterher hetzen.
Engel für das Selbstvertrauen,
auf Deine Hilfe will ich bauen.
Will mich von Dir führen lassen,
so kann mein Ego langsam verblassen.

Begeisterung

Begeisterung reisst mich mit, trägt mich fort,
bringt mich an einen besonderen Ort.
Lässt meine Gedanken hochfliegen,
mich in grosser Freude wiegen.
Begeisterung haut mich aus den Socken,
will nur noch auf meiner Gitarre rocken.
Will den ganzen Tag lang singen,
auch wenn andere mit den Händen ringen.
Engel der Begeisterung, gib mir Boden, gib
mir Zeit,
der Weg bis zum Ziel ist noch weit.
Aufmerksam will ich meinen Weg gehen,
mir nicht mehr selbst im Weg stehen.
Den Samen der Begeisterung will ich pflanzen,
immer mal wieder mit ihm tanzen.
So kann er langsam zur Blüte reifen,
während die Vögel draussen pfeifen.
Engel der Begeisterung, treibe mich an,
lass mich herausfinden, was ich kann.

Dankbarkeit

Dankbar umarme ich die Welt,
weil mir das Leben heute gefällt.
Manchmal ist es schön, auf der Welt zu sein,
einfach zu sitzen im Sonnenschein.
Doch gibt es auch die schlechten Tage,
wo ich nach Gottes Liebe frage.
Wo ich seine Führung nicht verstehe,
wo ich mich benachteiligt sehe.
Danke will ich trotzdem sagen,
nicht die Schöpfung hinterfragen.
Manchmal fällt es mir sehr schwer,
schmerzt das Schicksal allzu sehr.
Engel der Dankbarkeit,
träumen will ich von schönen Sachen,
Träume, die mich glücklich machen,
am Morgen voller Fröhlichkeit erwachen.
Gib mir Dankbarkeit für Freud und Leid,
schütze mich vor Angst und Neid.
Lass mich in der Gewissheit erwachen,
Gott und die Engel werden über mich wachen.

Hoffnung

Hoffnung treibt mich voran,
lässt mich probieren, was ich kann.
Hoffnung gibt meinem Leben Mut,
enthält die Möglichkeit, alles wird gut.
Hoffnung erweckt Vorfreude in mir,
sie lässt aber auch Ängste hochsteigen.
Werde ich eine Niederlage erleiden?
In der Hoffnung steckt Angst und Mut,
wird das Ende diesmal gut?
Engel der Hoffnung, Du bist meine Leiter,
trägst mich im Leben Schritt für Schritt weiter.
Wird sich mein Wunsch nicht erfüllen,
wirst Du mich tröstend in Deine Flügel hüllen.
Dort kann ich neue Hoffnung tanken,
dafür will ich Dir von Herzen danken.

Liebe

Leben, lieben, lachen,
viele schöne Sachen machen.
Wieder einmal herumtollen,
einfach nur sich freuen wollen.
Einfach nur sich freuen können.
Plötzlich ist alles schillernd bunt,
die Katze liebt sogar den Hund.
Wir können einfach nur noch strahlen,
Liebe lässt sich nicht bezahlen.
Mit Liebe wird mir warm ums Herz,
Liebe überwindet jeden Schmerz.
Liebe will ich heute verbreiten,
auch anderen ihre Herzen weiten.
Engel der Liebe, ich bin so froh, hast Du mir
Liebe gebrungen,
ihr Lied mir leise ins Ohr gesungen.
Jetzt ist die Liebe einfach da,
plötzlich fühle ich mich allen nah.
Spüre Liebe zu allen Dingen,
ich könnte den ganzen Tag lang singen.
Spüre Liebe auch für die kleinen Dinge,
von der Schnecke bis zur Spinne.
Auch zu den Gnomen, Feen und Elfen,
die der Natur so selbstlos helfen.
Diese Liebe trägt mich durchs Leben,
sie ist für mich ein grosser Segen.

Schönheit

Schönheit platzt aus allen Nähten,
Blumen blühen in den Gärten.
Strahlend leuchtet sie aus den Augen,
manchmal ist es kaum zu glauben.
Schönheit kannst Du nicht kaufen,
sie wirft die Logik des Verstandes über den
Haufen.
Plötzlich strahlst Du sie einfach aus.
Schönheit kommt aus Deinem Herzen,
als brennten darin 1000 Kerzen.
Hüte sie und lass sie brennen,
damit die Menschen Deine Schönheit
erkennen.

Wunder

Ein Wunder ist wie Kerzenlicht,
in dunkler Nacht wird endlich Licht.
Passiert es, kann ich es nicht glauben,
will ihm mit dem Verstand die Magie rauben.
Ein Wunder lässt sich weder erklären, noch
begründen.
Plötzlich ist es einfach da,
oft wenn ich der Verzweiflung nah.
Wie die Sonne, wenn sie durch die Wolken
bricht,
bringt ein Wunder in mein Leben Licht.
Engel der Wunder, lass mich auch die kleinen
Wunder sehen,
nicht achtlos durch das Leben gehen.
Dadurch wird mein Leben heller,
die Dunkelheit verzieht sich schneller.
Engel der Wunder, ich danke Dir,
dass Du, in meinem dunkelsten Moment,
Dich zeigtest mir.

Leben

Leben besteht aus Nehmen und Geben,
nur im Ausgleich kann ich leben.
Nur dann meine Mitte finden,
will nicht an Abhängigkeit mich binden.
Leben ist eine grosse Unbekannte.
Ich kann dafür keine Formel finden,
muss mich durch meine Gefühlswelt winden.
Muss meine eigenen Erfahrungen machen,
manchmal weinen, manchmal lachen.
Das Leben steckt so voller Wunder.
Setzt man einen Samen, wird daraus ein
Baum,
es gibt so vieles, wo ich einfach nur staun.
Engel des Lebens, es ist schön auf der Welt zu
sein,
auch wenn ich manchmal herzhaft wein.

Trauer

Trauer umgibt mich wie eine Mauer.
Hinter ihr kann ich mich verstecken,
sanft mir meine Wunden lecken.
Niemand soll meine Trauer sehen,
manchmal kann ich sie ja selbst nicht
verstehen.
Trauer macht mich einsam und müde.
Es fällt mir schwer hindurchzugehen,
ich kann nur noch die dunklen Schatten sehen.
Engel der Trauer, ich bitte Dich,
scheine mit Deinem Licht auf mich.
Auch wenn es mich zuerst blendet,
hilft es, dass das Blatt sich wendet.
Hilft es mir, wieder besser zu sehen,
das Leben besser zu verstehen.

Müdigkeit

Müde bin ich den ganzen Tag,
einfach weil ich nicht mehr mag.
Will auch keine Leute sehen,
sie würden mich ja doch nicht verstehen.
Engel der Müdigkeit, heute musst Du etwas tun,
ich will mich einfach nur ausruhn.
Nichts mehr sehen, nichts mehr hören.
Später weck mich wieder auf,
hol mich aus meinem Schneckenhaus.
Doch heute lass mich schlafen und träumen,
von Sonne, Blumen, Wiesen und Bäumen.
Lass mich in meinen Träumen verweilen,
heute mag ich mich nicht beeilen.
Ich werde mich einfach fallen lassen,
vertraue darauf, Du wirst mir unter die Arme fassen.
Vielleicht kitzelst Du meine Nase, ich muss niessen
und plötzlich kann ich das Leben wieder geniessen.

Lebensfreude

Lebensfreude, frisch erwacht,
wie sie das Leben bunter macht.
Plötzlich kann ich das Leben geniessen,
in meinen Energien fliessen.
Die Arbeit fällt mir leicht von der Hand,
ich sehe mich in neuem Gewand.
Ich sehe meine Augen strahlen,
dieser Anblick ist mit nichts zu bezahlen.
Engel der Lebensfreude, ich hab Dich
getroffen,
du lässt mich wieder aufs Glück hoffen,
hältst mir viele Türen offen.
Freudig werde ich hindurchgehen,
was dann passiert, werden wir sehen.
Doch mit Dir als meinem Begleiter,
komm ich im Leben leichter weiter.
Voller Lebensfreude will ich Leuchtturm sein,
zeige auch anderen Deinen hellen Schein.

Angst

Angst packt mich, drückt mich an die Wand.
Engel der Angst, nimm mich an Deine Hand,
dann kann die Angst mich nicht mehr fressen,
mir nicht die Luft aus den Lungen pressen.
In der Angst brauch ich Dich Engel besonders
stark,
die Angst hockt mir in Knochen und Mark.
Engel der Angst, lass mich wieder atmen.
Zeige mir, es ist alles nicht so schlimm,
im Leben hat alles seinen Sinn.
Hilf mir, meine Angst zu verstehen,
dann kann ich mutiger durchs Leben gehen.
Kann auch andere an der Hand führen,
sie in ihren Herzen berühren.

Erzengel Michael

Ich grüsse Dich, ich bin Dir nah,
ich sage Dir heute, ich bin für Dich da.
Lange Zeit habe ich auf Dich gewartet.
Du hast mein Rufen nicht gehört,
Dich nur an den Hürden des Lebens gestört.
Ich stehe Dir gerne bei, mit meinem Rat,
beschütze Dich, bei jeder Tat.
Doch musst Du mich zuerst hören oder
spüren,
sonst kann ich Dich nicht durchs Leben
führen.
Lass den Atem durch Deinen Körper fliessen,
dann kannst Du mich rufen und begrüssen.
In der Ruhe und bei Dir, kannst Du mir alles
sagen,
mich nach Hilfe und Rat fragen.
Die Antwort hörst Du mit Deinem Herzen,
ich befreie Dich von Kummer und Schmerzen.
Bitte mich, ich bin für Dich da,
denk daran, ich bin Dir nah.

Verbitterung

Verbitterung nimmt aus meinem Leben den
Schwung.
Lässt mich in alten Themen hocken,
mich darin wühlen, wie in stinkenden Socken.
Warum tue ich das immer wieder,
warum hockt die Verbitterung in meinen
Gliedern?
Engel der Verbitterung, befreie mich von alten
Gedanken,
lass mich neue Ideen tanken.
Mich von der Süsse des Lebens inspirieren,
das bringt mein Herz zum Vibrieren.
Lass mich leben im Hier und Jetzt.
Nur im Hier und Jetzt kann ich mein Leben
gestalten,
muss mich an die Regeln von heute halten.
Das Schöne von gestern will ich mit mir
tragen,
den Rest nicht mehr hinterfragen.
Nur im Dunkeln kann ich den hellen Schein
sehen,
darum muss ich durch beide Zonen gehen.
Engel der Verbitterung, lass mich nicht mehr
verbittert sein,
zeige mir des Lebens hellen Schein.

Schicksal

Heute will ich mich mit dem Schicksal
versöhnen,
nicht mehr über seine Wege stöhnen.
Das Schicksal hat mich weit gebracht,
gegen meinen Willen, mit aller Macht.
Lange konnte ich das Ziel nicht sehen,
die Wege des Schicksals nicht verstehen.
Engel des Schicksals, lass uns zusammen
arbeiten,
hilf mir meinen Horizont zu weiten.
Mit meinem Wunsch und Deiner Macht,
haben wir schon vieles vollbracht.
Nicht immer sind wir uns des Weges einig,
manchmal ist er mir viel zu steinig.
Doch dann lässt Du mich plötzlich fliegen,
viele Hindernisse auf einmal besiegen.
Engel des Schicksals, hilf mir Dir zu vertrauen,
nicht mehr auf die Wege der anderen zu
schauen.

Ruhe

In der Ruhe liegt die Kraft,
welche Wunderbares und Neues schafft.
Heute will ich mal nur ruhn,
einfach einmal nichts tun.
Der Tag kann warten, die Arbeit auch,
heute bleib ich einfach zu Haus.
Ich lasse mich auf den Flügeln des Ruheengels
wiegen.
Langsam finde ich wieder meine Mitte,
das ist es, worum ich Dich, Ruheengel, bitte.
Lass mich im Sturm die Ruhe bewahren,
mich nicht mehr aus der Haut fahren.
Ein Fels in der Brandung will ich sein,
mit einem Herz voll Sonnenschein.
Will meine Ruhe auch anderen bringen,
und auf Dich ein Loblied singen.

Freude

Freuen tu ich mich heut sehr,
liege weder an der Sonne, noch am Meer.
Das Leben ist doch einfach schön,
auch bei Regen und bei Föhn.
Es gibt so viele kleine Sachen,
die mein Leben glücklich machen.
Mit Kindern spielen und lachen,
oder einen Kuchen backen.
Mit Freunden zusammen sein,
bei einem Essen, im Kerzenschein.
Für all das will ich dankbar sein.
Ist die Freude einmal nicht bei mir,
bitte ich Dich, Engel der Freude, zu mir.
Dann zeigst Du mir die schönen Sachen,
bringst sogar mein Herz zum Lachen.
Bringst mich dazu, anderen eine Freude zu
machen.
Engel der Freude, erinnere mich immer
wieder daran, was Freude alles auslösen kann.

Neubeginn

Heute will ich neu beginnen,
neue Erfahrungen für mein Leben gewinnen.
Will wieder einmal etwas riskieren,
meine Bekannten mit meinem neuen Ich
konfrontieren.
Werden Sie mein neues Ich verstehen,
oder mir in Zukunft aus dem Weg gehen?
Engel des Neubeginns, bitte unterstütze mich,
hilf mir bei der Geburt meines neuen Ich.
Hilf mir dazu Sorge tragen,
ich will es nicht gleich wieder vergraben.
Hilf mir, zu mir selbst zu stehen,
auch wenn mir Freunde aus dem Weg gehen.
Indem ich mir selbst treu sein kann,
komme ich bei meinen wirklichen Freunden
an.
Auf diese Freundschaften will ich bauen,
mir und meinem Selbst vertrauen.
Ich freue mich über den Neubeginn,
es ist spannend, herauszufinden wer ich
wirklich bin.

Zweifel

Zweifel lassen mich nachts nicht schlafen,
bringen meinen Verstand ins Rotieren,
soll ich es wirklich so probieren?
Woher weiss ich, ob ich es kann,
vielleicht schaut mich jemand komisch an.
Zweifel nehmen meiner Energie den Schwung,
halten mich ab vom Kaltwassersprung.
Doch so lerne ich nie schwimmen,
kann keine neuen Erfahrungen gewinnen.
Engel des Zweifels, nimm mich an die Hand,
bring zur Ruhe meinen Verstand.
Lass mich aus dem Herzen entscheiden.
Ich will die Weisheit meines Herzens
akzeptieren, lasse mich nicht mehr vom
Verstand regieren.
Ich hülle meinen Verstand in Liebe ein,
will heute einmal mutig sein.

Heilung

Heilung will ich mir heut geben,
einmal nach meinem Rhythmus leben.
Heute hat mein Körper das Sagen,
ich will auch meine Seele fragen.
Heilung ist ein persönlicher Prozess.
Engel der Heilung, ich will mich spüren,
ich bitte Dich, mich zu führen.
Ich werde die nötige Zeit mir nehmen,
für einmal meine Ungeduld zähmen.
Engel der Heilung, ich danke Dir,
dass Du heute bringst Heilung mir.

Ungeduld

Ungeduld, du bist schuld,
du lässt mich durchs Leben hetzen,
viele Sohlen meiner Schuhe durchwetzen.
So rase ich am Leben vorbei,
alles ist mir einerlei.
Doch wo bleiben meine Gefühle?
In jeder Wohnung hat es Stühle.
Heute will ich mich mal setzen,
ganz bewusst nicht hetzen.
Wieder einmal durchatmen.
Ich lasse meine Gefühle zu,
gehe mit ihnen auf Du und Du.
Was werden sie mir sagen,
was wird mich freuen, was mich plagen?
Engel der Ungeduld, lass mich innehalten,
lass mich einen Gang zurückschalten.
Zeig mir die Stühle in meinem Leben,
lass mich mir und meinen Mitmenschen Zeit
geben.

Lachen

Lachen ist wie Sonnenschein,
es kann auch wie Begeisterung sein.
Auch wie ein reinigendes Gewitter,
ein Streit ist plötzlich nicht mehr bitter.
Plötzlich ist die Schwere weg,
es tritt der Schalk aus seinem Versteck.
Er kann das Lachen wie eine Bombe platzen
lassen, woher er kommt, ist nicht zu fassen.
Alles wird dann gleich viel leichter.
Engel des Lachens, komm mich öfters
besuchen,
ich möchte bei Dir ein Abonnement buchen.
Besuche mich bitte jeden Tag,
weil ich Deinen Klang so gerne mag.

Musik

Musik bringt meine Gefühle ins Schweben,
kann mich an tristen Tagen in den Himmel
heben.
Sie kann mich aber auch tief berühren,
mich ins Land der Tränen führen.
Das Beste ist, ich kann sie mir aussuchen,
die Reise meiner Gefühle selbst buchen.
Manchmal begleitet sie mich den ganzen Tag.
Was das betreffende Lied mir wohl sagen
mag?
Auf jeden Fall will ich mich beim Engel der
Musik bedanken.
Mit Musik kann ich Energie und Freude
tanken.
Nie muss ich alleine sein,
ich stelle einfach das Radio ein.
Bringt die Musik mich dann zum Tanzen,
vereinen sich Körper, Seele und Geist zu
einem Ganzen.

Indigokinder

Indigokinder sind kleine Wunder.
Sie kommen zu uns aus ihrer Welt,
ganz egal, ob es uns gefällt.
Sie wollen uns ihre Welt näher bringen,
mit uns tanzen, mit uns singen.
Doch wir können sie oft nicht verstehen,
in ihnen nur den Zappelphilipp sehen.
Sie zeigen uns Seiten, welche wir verdrängen,
wir wollen sie in unser System zwängen.
Wir könnten uns gegenseitig so viel lehren,
würde jeder die Weisheit des anderen ehren.
Engel der Indigokinder,
hilf uns, diese Kinder zu verstehen,
hilf uns, die Welt mit ihren Augen zu sehen.
Hilf uns ihnen Erdung geben,
damit sie uns nicht wieder entschweben.
Lass uns mit ihnen Schritt halten,
damit sie ihr wunderbares Potenzial entfalten.

Verzweiflung

Verzweiflung ist wie im Regen stehen,
kann denn niemand meine Sorge sehen?
Ich fühle mich allein gelassen,
kann meine Not selbst nicht fassen.
Kann denn niemand die Notbremse ziehen,
niemand mir helfen, aus meiner Not zu
entfliehen?
Engel der Verzweiflung, ich bitte Dich,
lass Du mich nicht auch noch im Stich.
Lass für mich ein Wunder geschehen,
hilf mir, das Licht am Ende des Tunnels zu
sehen.
Lass mich Deine Fürsorge spüren.
Lass mich heute nicht allein,
bring mir wieder Sonnenschein.
Langsam bekomme ich wieder Lebensmut,
es wächst die Hoffnung, alles wird doch noch
gut.
Engel der Verzweiflung, führe mich aus
diesem Tunnel,
ich bitte Dich, möglichst schnell.

Lebensmut

Lebensmut tut mir gut,
doch kann ich ihn nicht immer finden,
manchmal sehe ich ihn um die Ecke
verschwinden.
Dann ist er plötzlich wieder da,
wir tanzen zusammen Cha-Cha-Cha.
Wir spielen zusammen Katz und Maus,
das Licht geht an, dann wieder aus.
Engel des Lebensmutes,
lass mich Dich in meinen Armen halten,
ich möchte Dich für immer behalten.
Mit Dir zusammen hab ich viel mehr Spass,
Du bist in meinem Ärmel das Ass.

Erzengel Raphael

Heute geb ich Dir meinen Segen,
ich hole Dich aus dem Regen.
Ich halte schützend meine Hand über Dich,
und hoffe sehr, Du spürst mich.
Lass mich Dich an meiner Hand führen.
Zusammen können wir Wunder vollbringen,
schon bald wirst Du wieder lachen und singen.
Ich werde etwas bei Dir verweilen,
so kann Dein Schmerz schneller heilen.
Ich heile auch den seelischen Schmerz,
berühre mit meinem Licht Dein Herz.
Bald wirst Du wieder lachen,
wir können zusammen tolle Sachen machen.
Gib Dir einfach noch etwas Zeit,
Du weisst ja, Dein Weg ist noch weit.

Sternenkinder

Sternenkinder sind kleine Wunder.
In ihrem Wesen fein und zart,
versprühen sie Sternenstaub auf ihre Art.
Sie strahlen einen an wie die Sonne,
mit ihnen zu lachen, ist eine Wonne.
Aber sie sind auch sehr verletzlich,
das Licht in ihnen verlöscht sehr plötzlich.
Manchmal können sie unsere Energien nicht
ertragen,
sie beginnen wild um sich zu schlagen.
Wir werten es dann als ihr Versagen,
dabei müssen wir zu ihrer Energie Sorge
tragen.
Engel der Sternenkinder,
lass uns das Wesen dieser Kinder spüren,
uns gegenseitig durchs Leben führen.

Dunst

Dunst ist etwas feiner als Nebel.
Was dahinter ist, kann ich erahnen,
wird die Sonne sich durch den Dunst bahnen?
Oder wird er sich verdichten,
meine Vorfreude auf die Sonne vernichten?
Engel des Dunstes,
bring mir heute Sonnenschein,
lass mich einfach glücklich sein.
Dann kann ich auch den Nebel wieder
ertragen.
Die Sonne wohnt dann in meinem Herzen,
vertreibt das Dunkel der Sorgen und
Schmerzen.
Engel des Dunstes, ich lade Dich ein,
geniesse heute mit mir den Sonnenschein.

Wasser

Wasser sprudelt aus vielen Quellen,
im Meer, bei Sturm, schlägt es hohe Wellen.
Wunderschön präsentiert es sich als See,
gefroren zum Hagelkorn tut es mir weh.
Es kann in der Sonne geheimnisvoll glitzern,
dann fällt es vom Himmel, mit Donner und
Blitzen.
Wasser fasziniert mich immer wieder,
unter der Dusche massiert es meine Glieder.
Im Wasser hat es Feen und Elfen,
welche das Wasser reinigen helfen.
Engel des Wassers,
heute will ich im Meer baden,
lasse mich von den Wellen tragen.
Atme den Duft des Meeres ein,
und kann einfach nur dankbar sein.

Sonne

Endlich bist Du da.
So lange musste ich Dich entbehren,
mich gegen trübselige Gedanken wehren.
Plötzlich bist Du da mit Deinem strahlenden
Licht,
wo Du warst, das weiss ich nicht.
Ich will Dir nur meine Freude zeigen,
Dich überzeugen, noch etwas zu bleiben.
Ich strecke Dir meine Glieder entgegen,
Deine Wärme zu spüren, ist ein Segen.
Ich will einfach noch etwas verweilen,
mich heute einmal nicht beeilen.
Ich schaue den fliegenden Vögeln zu,
mein Verstand kommt langsam zur Ruh.
Verschwindest Du dann hinter den Bäumen,
werd ich noch lange von Dir träumen.

Weinen

Weinen lässt sich auch mit Lachen vereinen.
Es reinigt meine tiefen Gefühle,
zeigt anderen, dass ich mich berührt fühle.
Es rüttelt mich auf,
nimmt mir den Schnauf.
Manchmal sind es nur leise Tränen,
die sich den Weg über mein Gesicht bahnen.
Engel des Weinens,
es ist schön, meine Gefühle zu spüren,
Menschen mit Deiner Liebe zu Tränen zu
rühren.
Du holst aus mir meine sanften Seiten.
Sind meine Tränen dann wieder trocken,
bringst Du mich plötzlich zum Frohlocken.
Engel des Weinens, ich danke Dir,
dass Du diese tiefen Gefühle weckst in mir.

Enttäuschung

Enttäuschung kommt langsam angekrochen,
schwer hängt sie in meinen Knochen.
Die Hoffnung ist zerstört,
mein Wunsch wurde nicht gehört.
Auf was soll ich jetzt noch hoffen,
welche Türen stehen noch offen?
Habe ich die Kraft nochmals aufzustehen,
einen neuen Weg zu gehen?
Engel der Enttäuschung, heute brauche ich
Rat und Kraft,
ich habe es doch das letzte Mal auch geschafft.
Wie komme ich hier wieder heraus?
Bitte streck Deine Hand nach mir aus.
Hilf mir gestärkt aus meiner Niederlage zu
gehen,
sie als Lernerfahrung zu verstehen.
Hilf mir, das Gute in meinem Leben zu
erkennen,
mich nicht mehr im Wenn und Aber zu
verrennen.
Dankbar will ich für die guten Sachen sein,
dann stellt sich das Glück von selber ein.

Natur

Natur ist Gottes Schöpfung pur.
Ich spüre den Wind in meinem Gesicht,
das Meer versprüht eine feine Gischt.
Ich sehe farbige Blumen blühen,
hoch im Himmel die Sonne glühen.
Echsen verschwinden zwischen Steinen
geschwind,
in meinen Ohren rauscht der Wind.
Ich höre viele Menschenstimmen,
von weitem einen Vogel singen.
Die Vögel lassen sich vom Winde tragen,
ohne nach dem Sinn des Lebens zu fragen.
Engel der Natur,
heute will ich mit allen Sinnen geniessen,
mit dem Wind, den Wellen und den Farben
der Natur fliessen.
Hilf mir, all Deine Wunder zu entdecken,
in mir das Interesse am Schutz der Natur zu
wecken.
Lass mich erkennen, dass ich Teil dieser
Schöpfung bin,
sie zu geniessen, ist des Lebens Sinn.

Schöpfung

Die Schöpfung habe ich Euch gegeben,
so kann ich mich durch Euch erleben.
Ich bin kein fordernder, strafender Gott,
ich gebe Euch das Leben und den Tod.
Durch beides dürft Ihr hindurchgehen,
beide Seiten des Vorhangs sehen.
Ein Teil des Spiels ist das Vergessen.
Ihr erinnert Euch nicht an frühere Leben,
denkt, ich hätte Euch nur dies eine gegeben.
Ihr klammert Euch verbissen daran.
Doch Ihr hattet deren viele,
spieltet Bettler- und Königsspiele.
Um den Sinn dieser Spiele zu begreifen,
muss Eure Seele langsam reifen.
Sie will viele Erfahrungen machen,
manchmal weinen, manchmal lachen.
Ihr müsst lernen, Euch bewusst zu
entscheiden,
wann zu gehen, wo zu bleiben.
Eure Gedanken müsst Ihr zähmen,
ihnen die Negativität nehmen.
Es steht Euch frei, wütend zu sein,
ich lade Euch sogar dazu ein.
Doch dann lasst Eure Wut wieder verfliegen,
nur so kann die Lebensfreude siegen.
Je mehr Ihr begreift, dass Ihr Eure eigenen
Schöpfer seid,
desto mehr erfahrt Ihr Freiheit.

Leiden

Leiden hindert mich, mich zu entscheiden.
Ich sitze in diesem Zustand fest,
begreife nicht, den Sinn dieses Tests.
Meine Gedanken kreisen in meiner Not,
dies ist der Lebensfreude Tod.
Engel des Leidens, heute brauch ich Dich sehr,
ich ertrage dieses Leiden nicht mehr.
Hilf meinen Gedanken wieder zu fliegen,
meinen Blick in den rechten Winkel zu biegen.
Zeig mir die Menschen, welche mich lieben,
lass die Liebe über das Leiden siegen.
Hilf mir, das Schicksal anzunehmen,
mit ihm Hand in Hand zu gehen.
Dann stehen mir viele Möglichkeiten offen
und lassen mich auf Besserung hoffen.

Depressionen

Depressionen, das Gegenteil von Visionen.
Die Trauer nimmt Überhand,
ich sehe nicht mehr über meinen Mauerrand.
Was soll ich jetzt machen,
nichts bringt mich mehr zum Lachen.
Ich will niemanden sehen,
nirgendwo hingehen.
Doch Alleinsein hilft mir auch nicht weiter.
Engel der Depression,
schick mir eine Vision.
Bring meine Mauer zum Krachen,
hilf mir wieder zu lachen.
Wie Du das anstellen sollst, weiss ich nicht,
es ist ja auch nicht Deine Pflicht.
Ich bitte Dich sehr, bei mir zu verweilen,
mich von dieser Depression zu heilen.

Erzengel Michael

Lache mein Kind ich bin Dir nah,
Du weisst ja, ich bin für Dich da.
Willst Du mich spüren,
soll ich Dich führen?
Es soll Deine Entscheidung sein,
denke Dich gross oder mach Dich klein.
Spüre meine Anwesenheit oder fühl Dich
allein.
Du bist der Regisseur in Deinem Theater,
ob Bauchweh oder Muskelkater.
Das Stück kannst Du nicht immer bestimmen,
doch Du kannst mit oder gegen den Strom
schwimmen.
Das eine ist leicht, das andere schwer,
schwimm mit dem Strom, ich bitte Dich sehr.
Kämpfe nicht länger gegen den Strom an,
damit ich Dich besser führen kann.
Hast Du den Kampf gegen den Strom
aufgegeben,
findet Dein Herz Zeit, sich zu erheben.
Du findest die Ruhe, Deinem Herzen zu
lauschen,
zum Dank wird es Deinen Geist mit neuen
Ideen berauschen.
Schwimme im Strom <u>Deines</u> Lebens,
ich verspreche Dir, es ist nicht vergebens.

Unruh

Unruh, du setzt mir zu,
wegen Dir komme ich nicht zur Ruh.
Meine Gedanken drehen sich im Kreis,
ich weiss überhaupt nicht mehr, was ich
weiss.
Was ist falsch und was ist richtig,
was ist im Moment für mich wichtig?
Engel der Unruh, lass mich tief durchatmen.
Hilf mir, den Atem fliessen zu lassen,
hilf mir, klare Gedanken zu fassen.
In Gelassenheit abzuwarten,
nicht unbesonnen durchzustarten.
Lass die Unruh von mir weichen,
gib mir im richtigen Moment ein Zeichen.
Zeige mir, wann es Zeit ist, etwas zu tun,
wann die Zeit, um auszuruhn.
Hilf mir, meine Mitte zu spüren,
ich lasse mich dankbar von Dir führen.

Frustration

Frustration, Endstation.
Frust, heute nimmst Du mich hart an Deine
Brust.
Haltest mich bei Dir gefangen.
Du lässt mich bei Dir hocken,
dabei würde ich lieber auf meiner Gitarre
rocken.
Draussen scheint die Sonne,
ich verspüre weder Freude noch Wonne.
Engel der Frustration,
hol mich weg von dieser Station.
Bringe mich auf andere Gedanken,
lass mich Lebensfreude tanken.
Mein Weg ist weit, doch ich bin müde,
jede Aufgabe erscheint mir als Hürde.
Darum bitte ich Dich, meinen Tank zu füllen,
mir ein paar Lichtblicke auf meinem Weg zu
enthüllen.
Hilf mir, motiviert weiterzugehen,
die lohnenden Ziele auf meinem Weg zu
sehen.
Dankbar lade ich Dich ein,
heute mein Begleiter zu sein.

Verzeihen

Im Verzeihen liegt viel Kraft,
welche Energie für Neues schafft.
Warum fällt es mir so schwer zu verzeihen,
warum lass ich Frust in meinem Kopf
gedeihen?
Engel des Verzeihens,
hilf mir, mit meinen Mitmenschen Frieden zu
schliessen,
hilf meinen Gedanken, in Frieden zu fliessen.
Hilf mir, meine Mitmenschen und mich zu
akzeptieren, wie wir sind.
Jeder von uns ist Gottes Kind.
Hilf uns, uns gegenseitig besser zu verstehen,
ineinander den göttlichen Funken zu sehen.
Indem wir uns auf unsere Stärken
aufmerksam machen,
geben wir uns Mut, uns zu freuen und zu
lachen.

Erzengel Chamuel

Ich bin heute für Dich da,
bin Dir mit meiner Liebe ganz nah.
Ich will Dich gerne führen,
Dir helfen, viel Liebe und Freude zu spüren.
Natürlich kannst Du nicht immer glücklich
sein,
Du bist ja auf dieser Erde nicht allein.
Es gibt immer Menschen und Situationen,
welche Dich berühren,
wir Engel sind immer bereit, Dich zu führen.
Ob in der Wut oder in zähem Streit,
bitte um Hilfe und sei bereit.
Du brauchst nicht an uns Engel zu glauben,
aber lass Dich nicht der Möglichkeit berauben.
Öffne Dich der Möglichkeit, dass wir helfen
werden,
erlebe Dein eigenes Wunder auf Erden.
Vielleicht wirst Du es dann Zufall nennen,
wir wollen Dich nicht mit unserer
Anwesenheit bedrängen.
Wir wollen Dir nur Liebe senden,
laden Dich ein, Dich ab und zu an uns zu
wenden.

Dankbarkeit

Danke will ich nochmals sagen,
will versuchen, nichts mehr zu hinterfragen.
Aufmerksam will ich durchs Leben gehen,
all die kleinen Wunder sehen.
Wandern über Stock und Stein,
einfach nur zufrieden sein.
Ich lade auch Euch Engel ein,
mit mir zusammen glücklich zu sein.
Es gibt nichts Wichtiges zu tun,
ich nehme mir jetzt Zeit zum Ruhn.
Ich bade in der Dankbarkeit,
welche ich erfahre in dieser Ruhezeit,
welche mich erinnert an meine Göttlichkeit.

Inhaltsverzeichnis

Mehr über die Autorin erfahren Sie auf ihrer Homepage:

www.die-leichtigkeit-des-seins.ch